Copyright © 2020,Libro da colorare per adulti

di

Editori Libri Antistress

Tutti i diritti riservati.

La tua opinione è importante per noi, se ti piace il tuo libro

"100 Animali mandala AntiStress" per favore

lasciaci un commento.

La tua opinione ci aiuta a creare altri libri solo per il tuo piacere.

Con i saluti del nostro team di Editori Libri AntiStress.

100 Animali Mandala

AntiStress

Pagina di anteprima

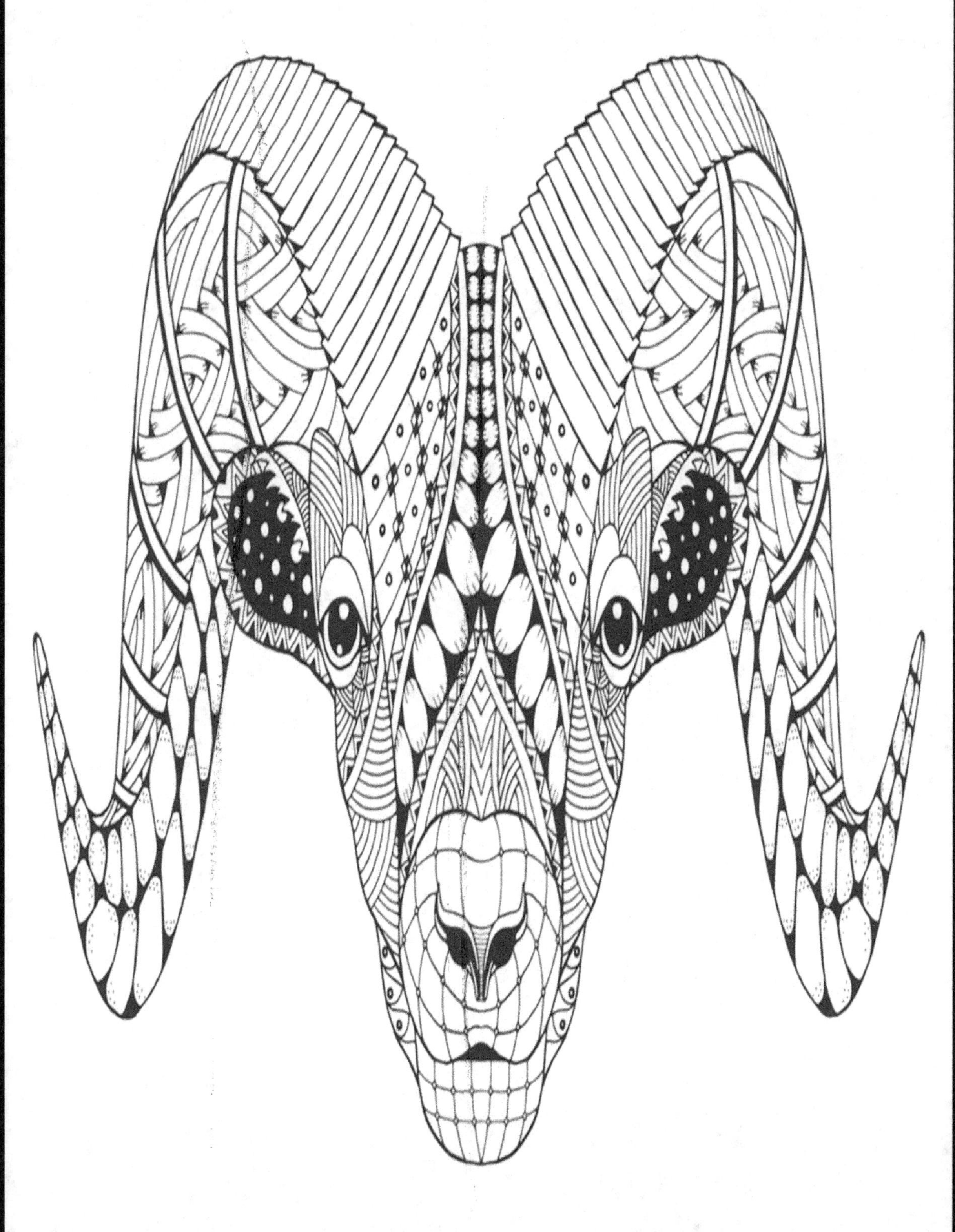

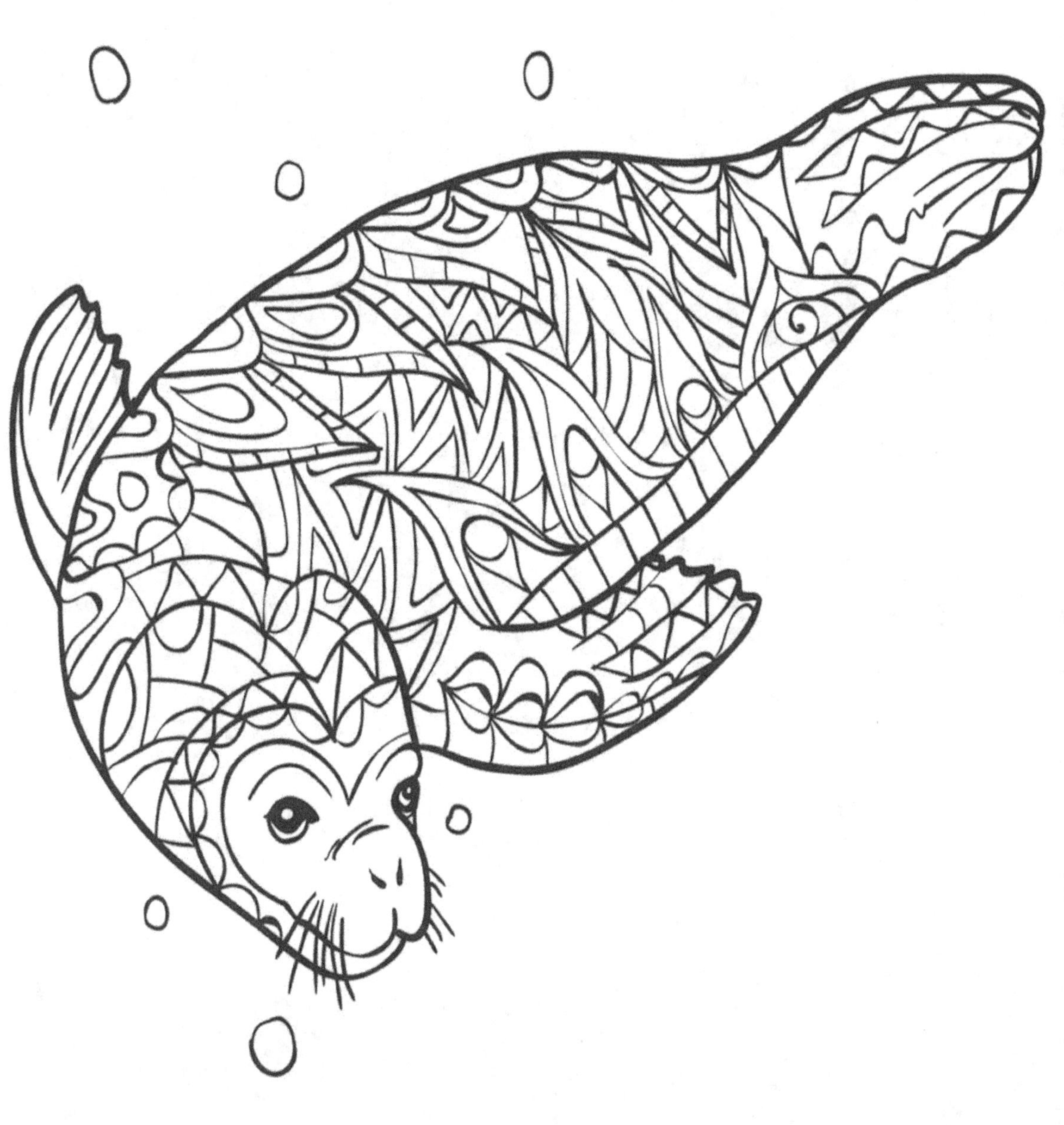

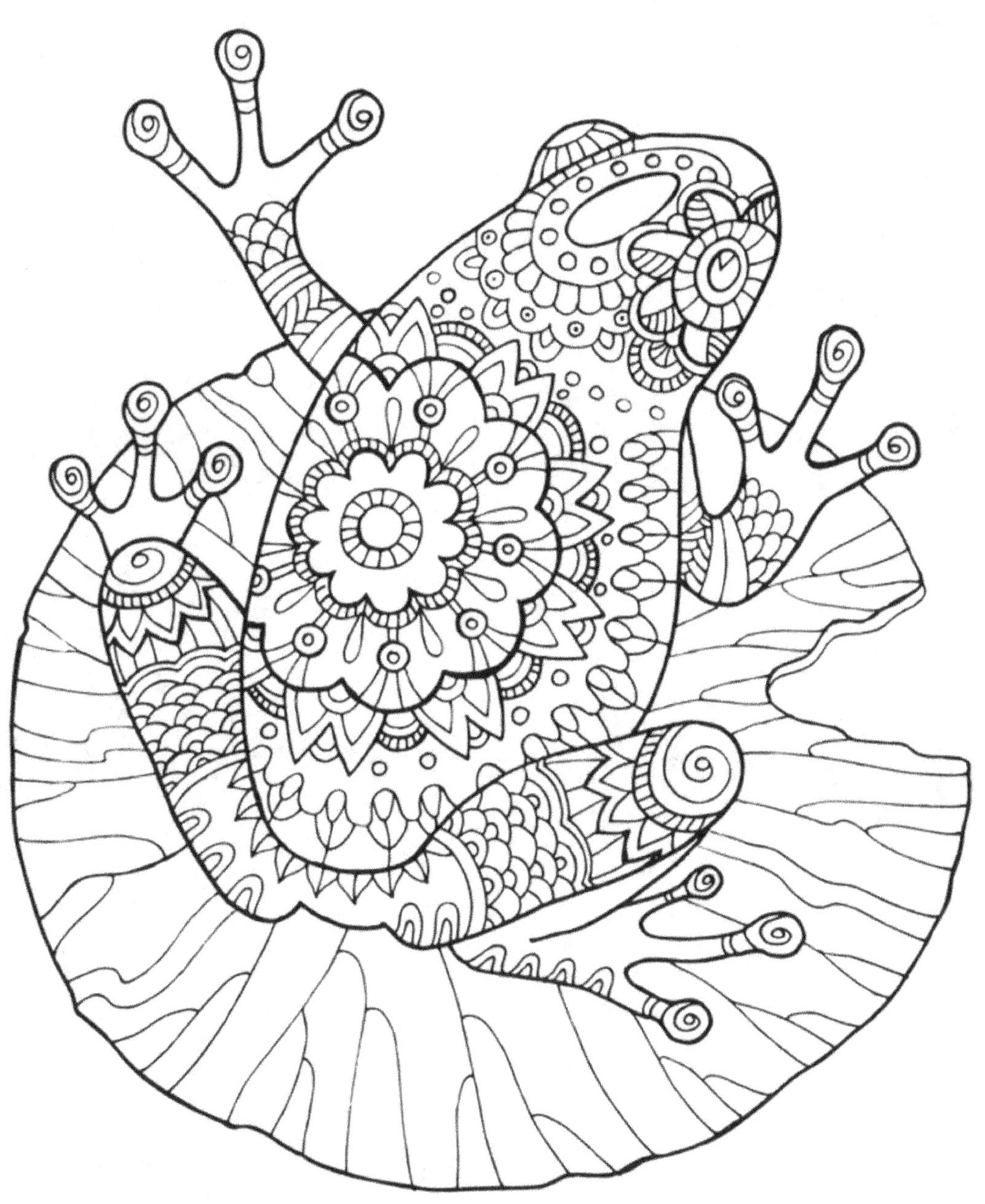

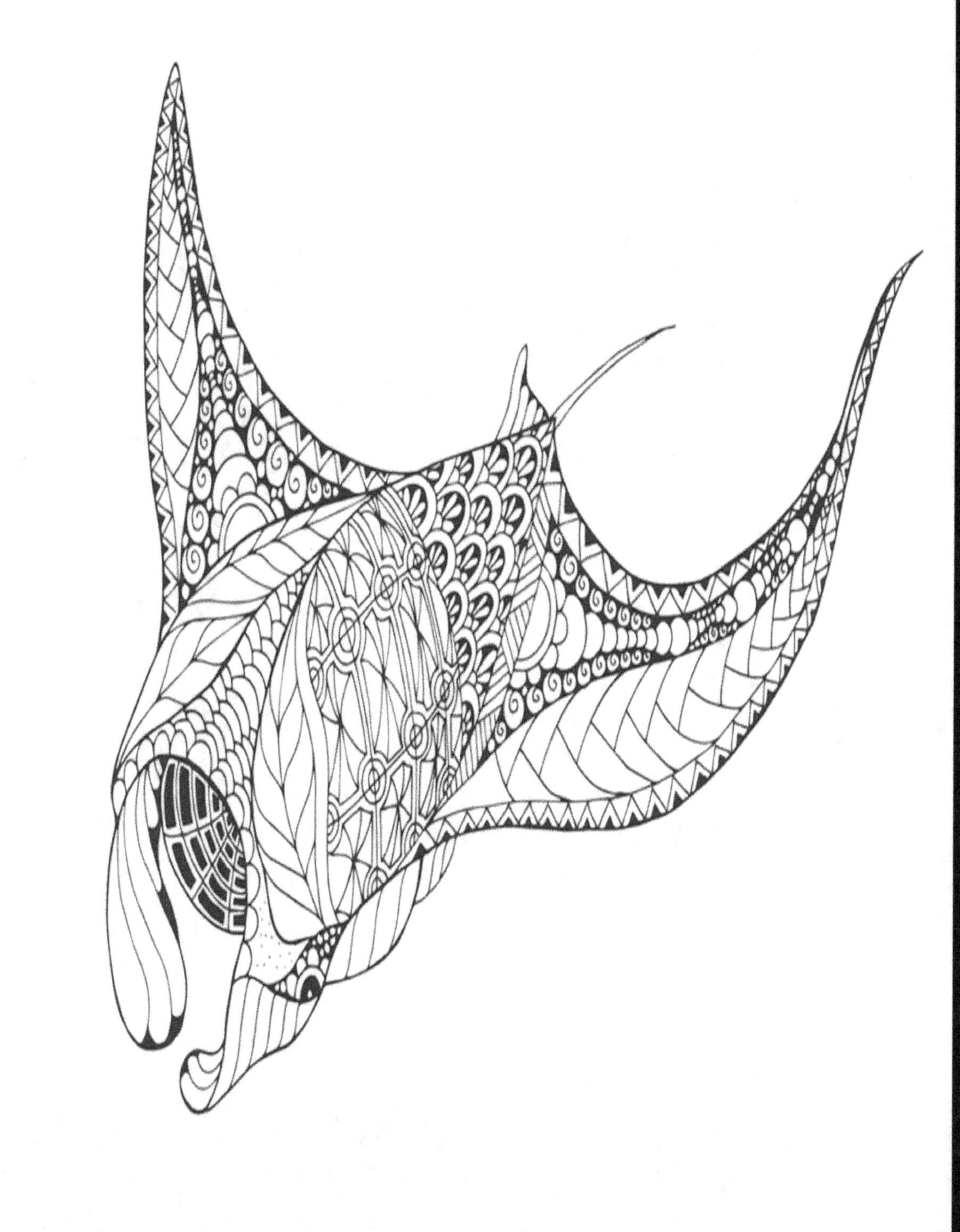

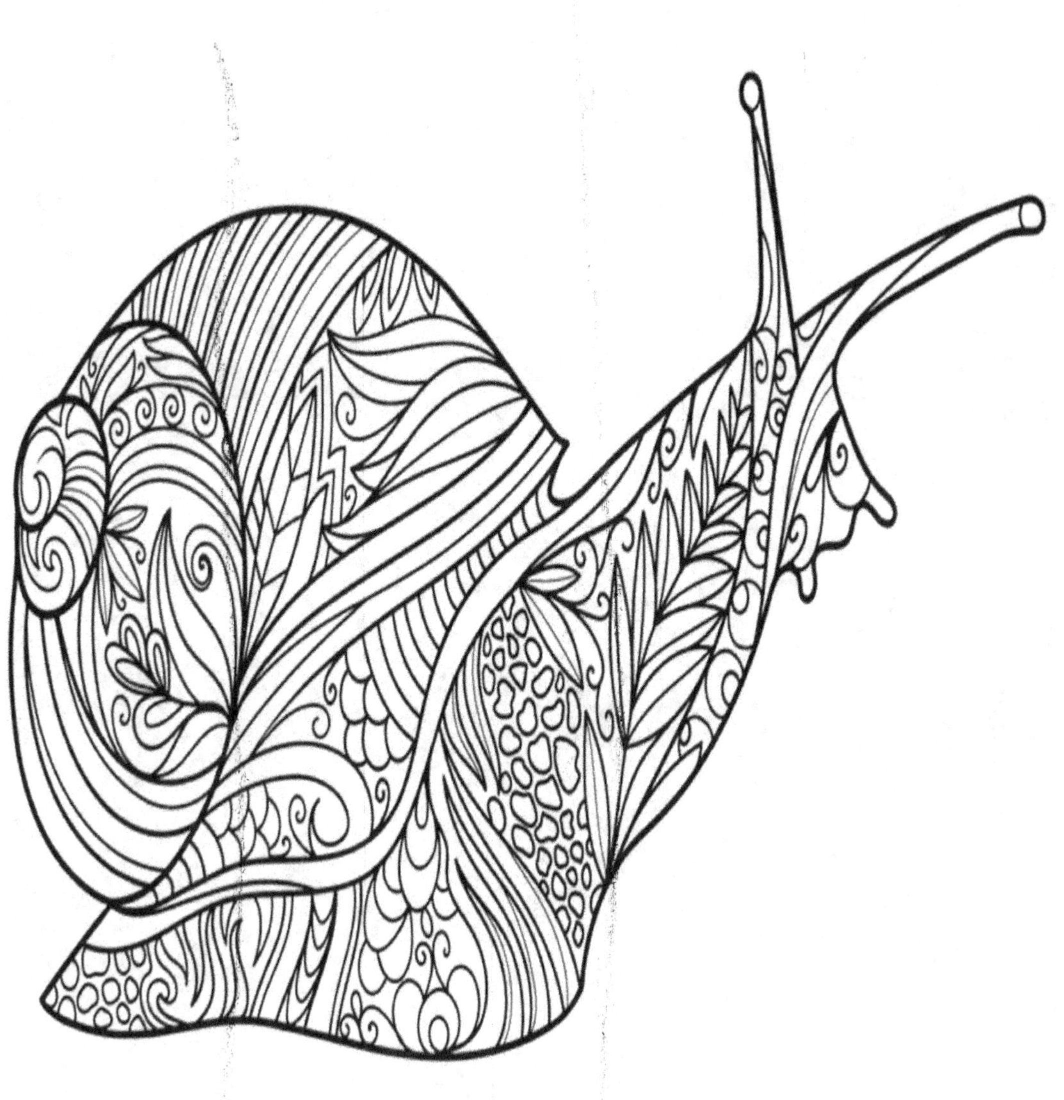

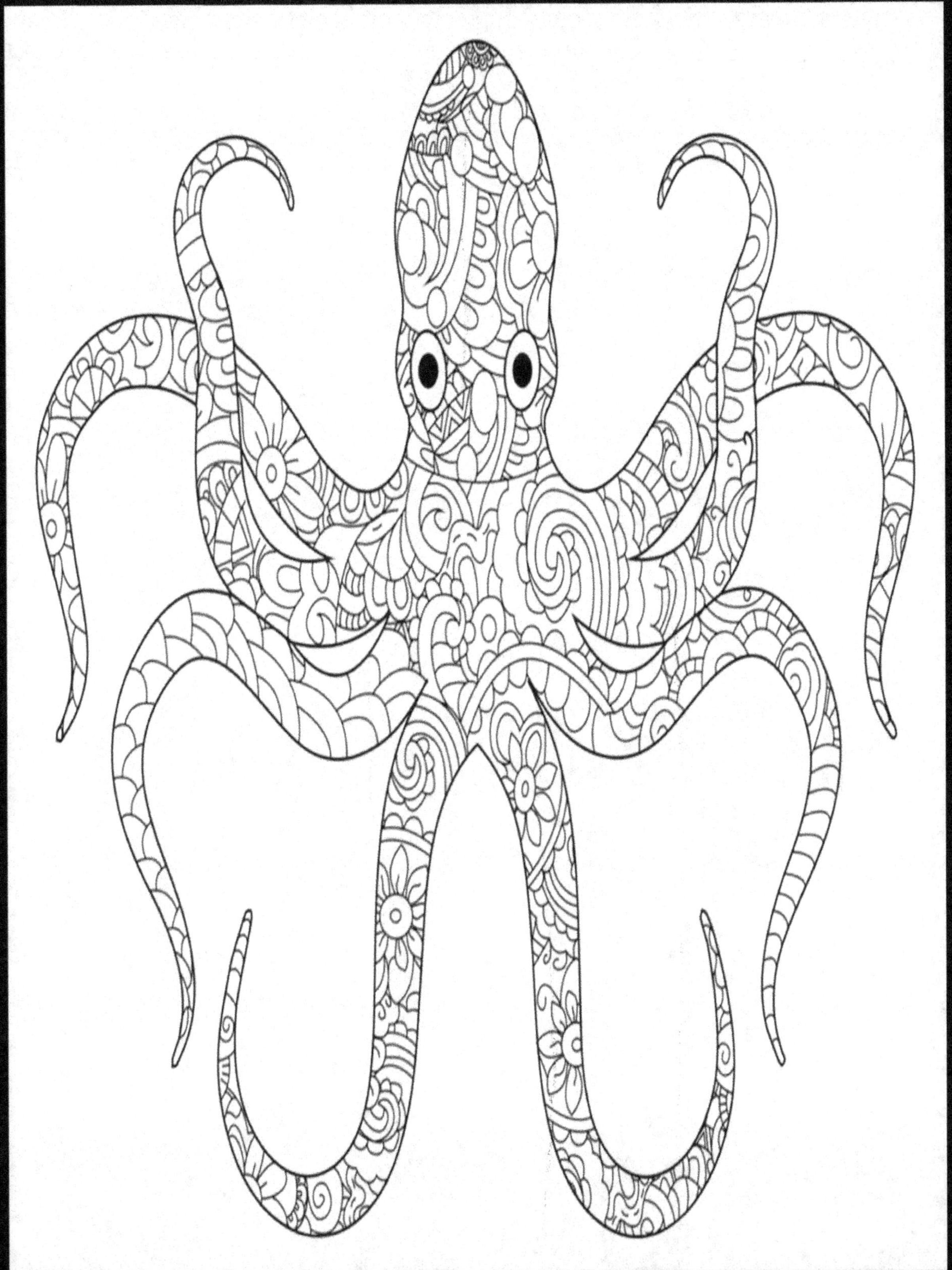

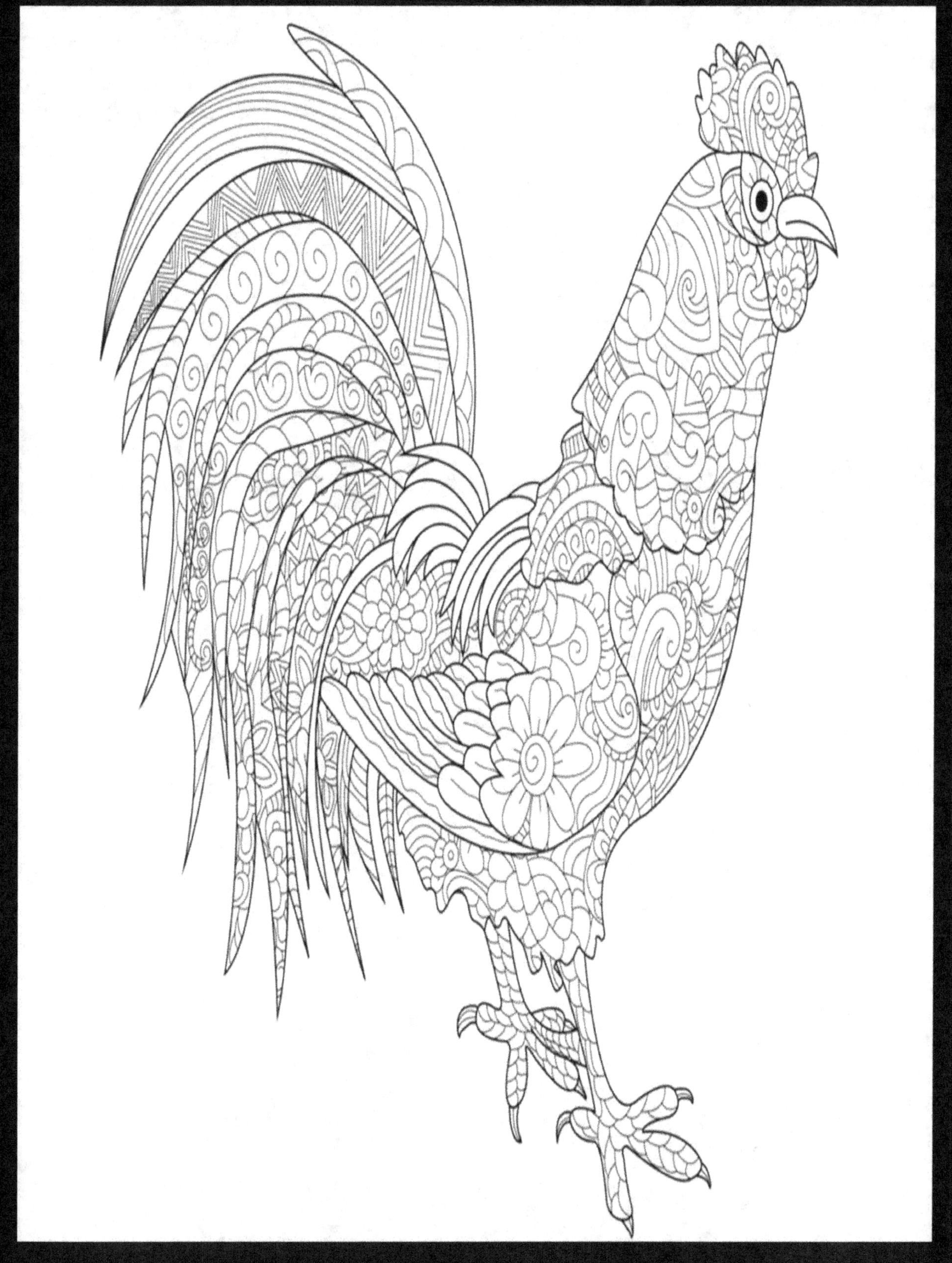

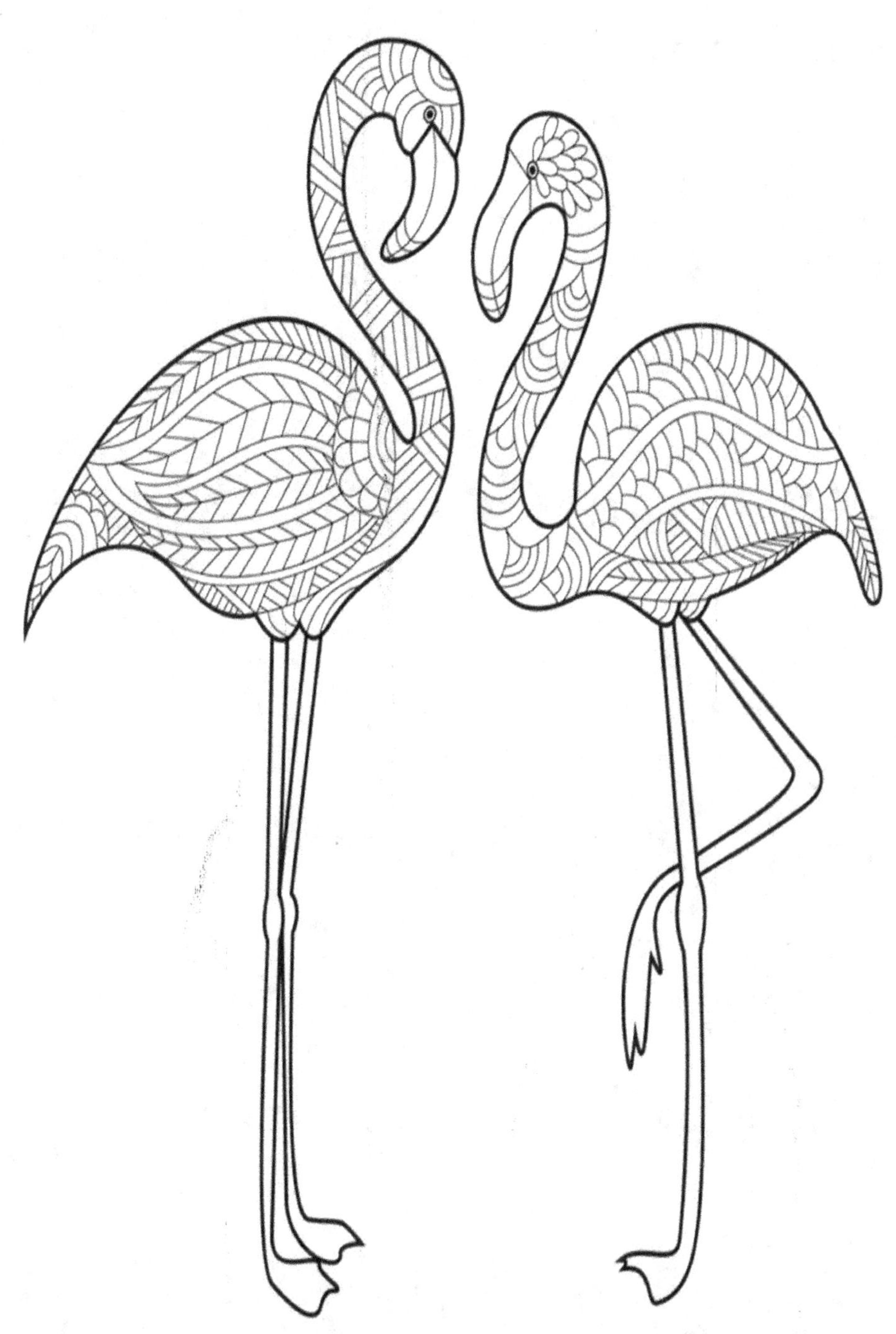

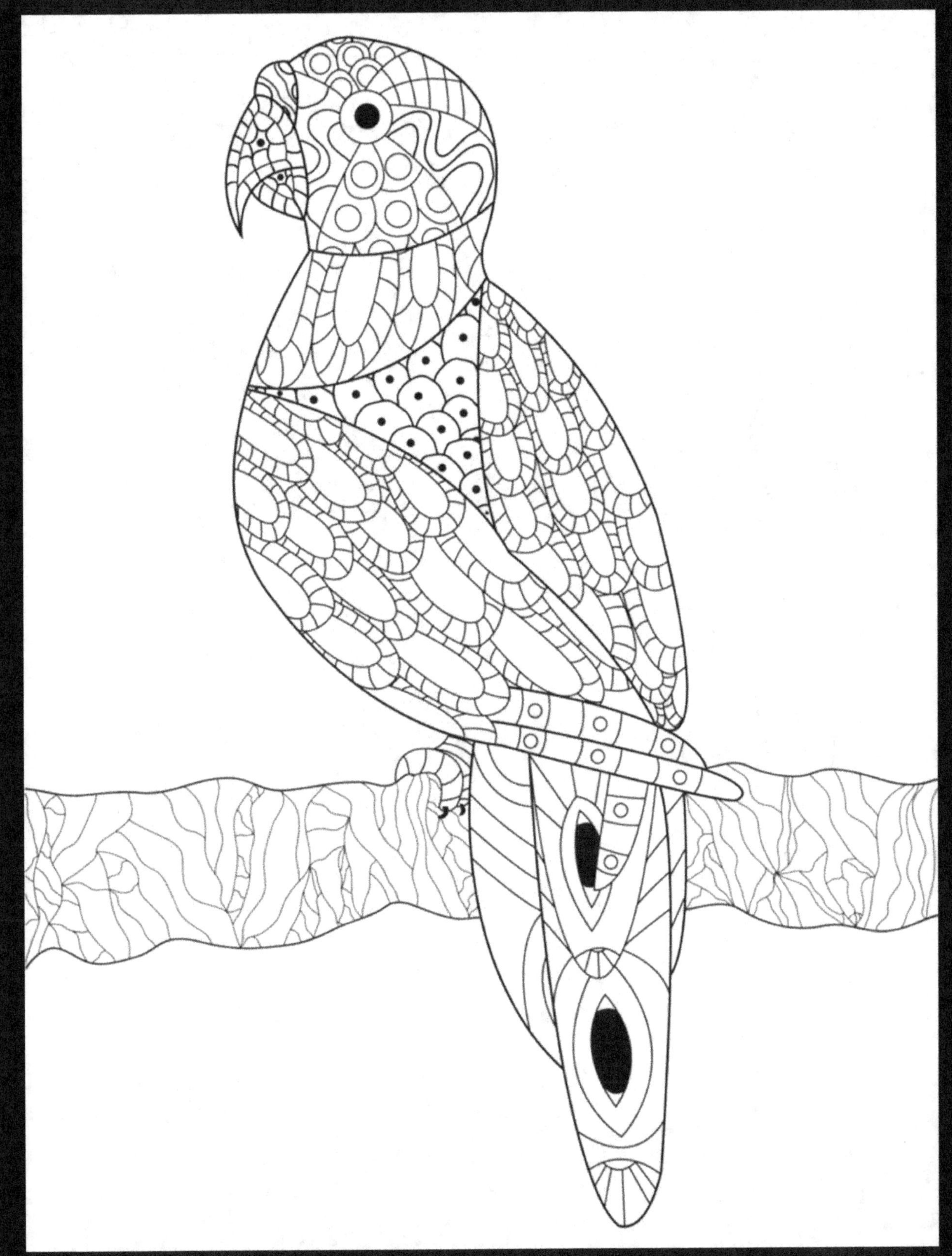

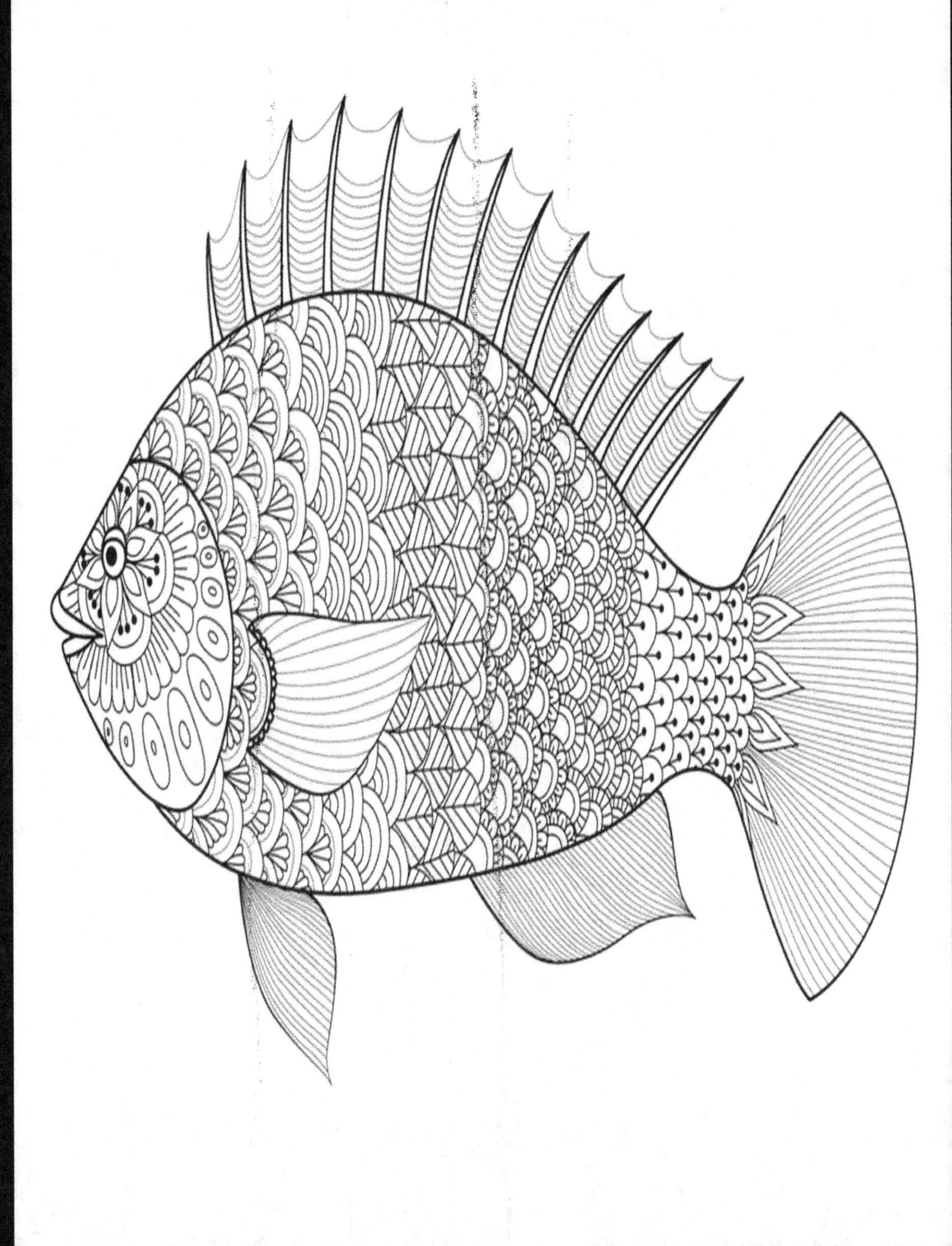

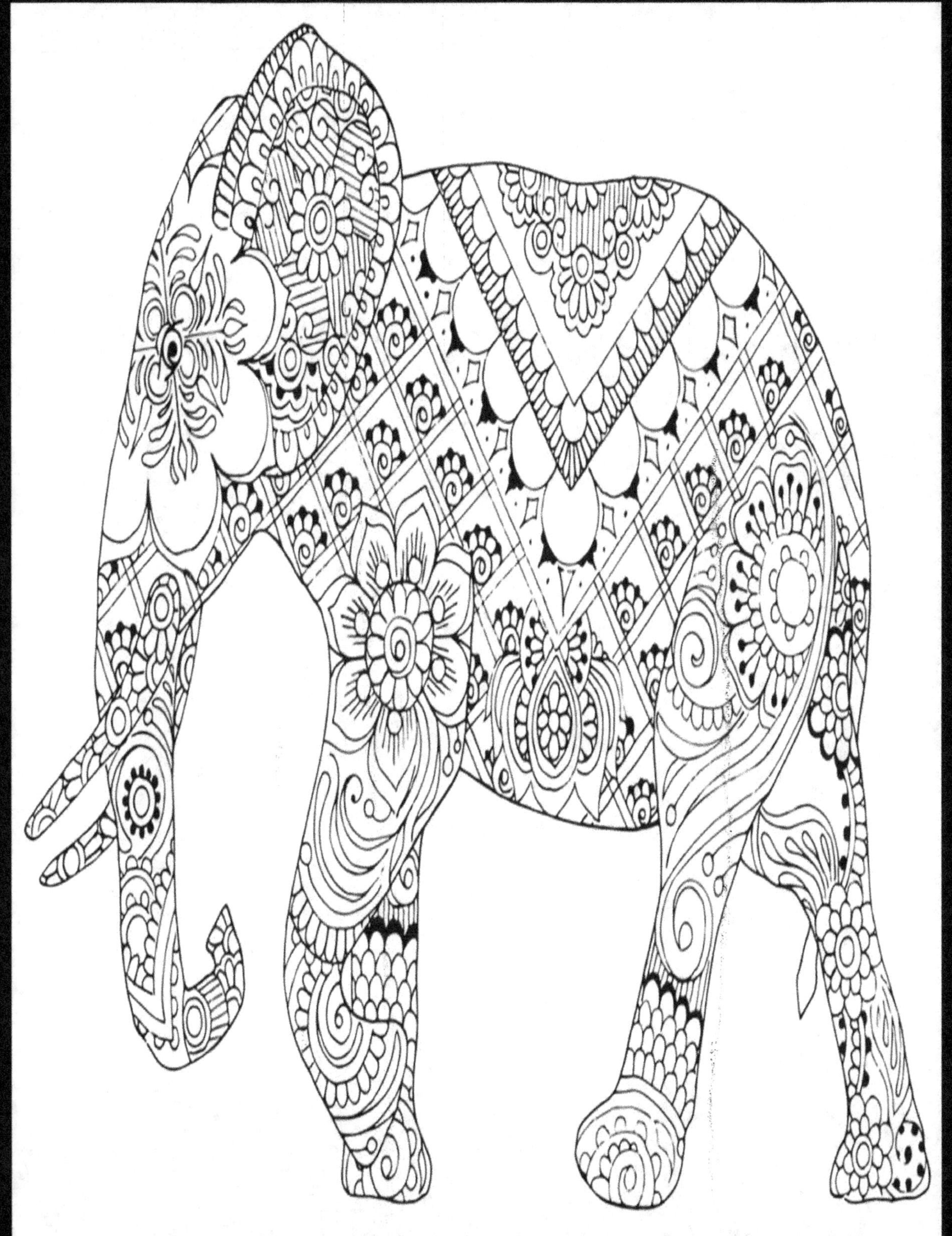

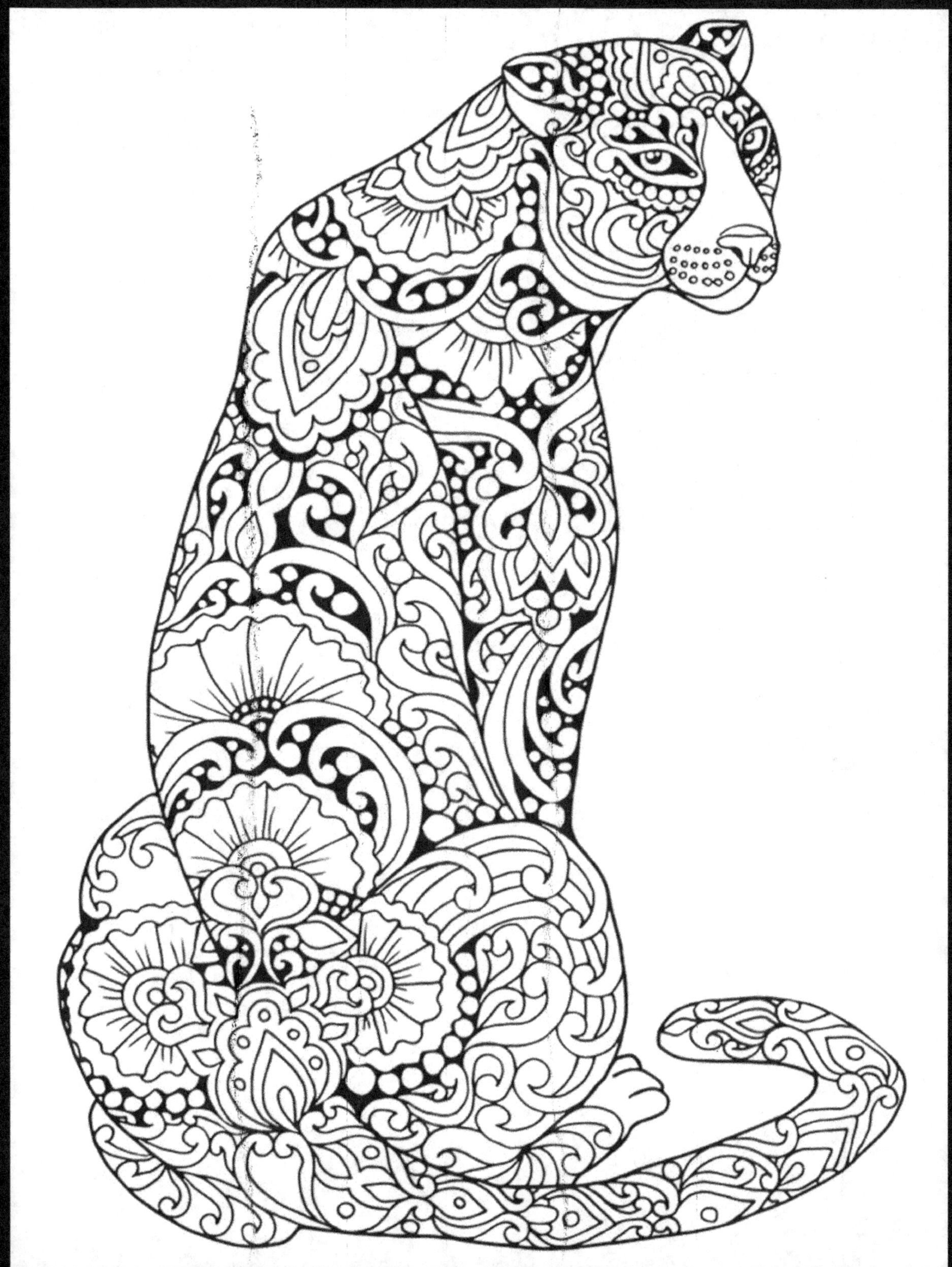

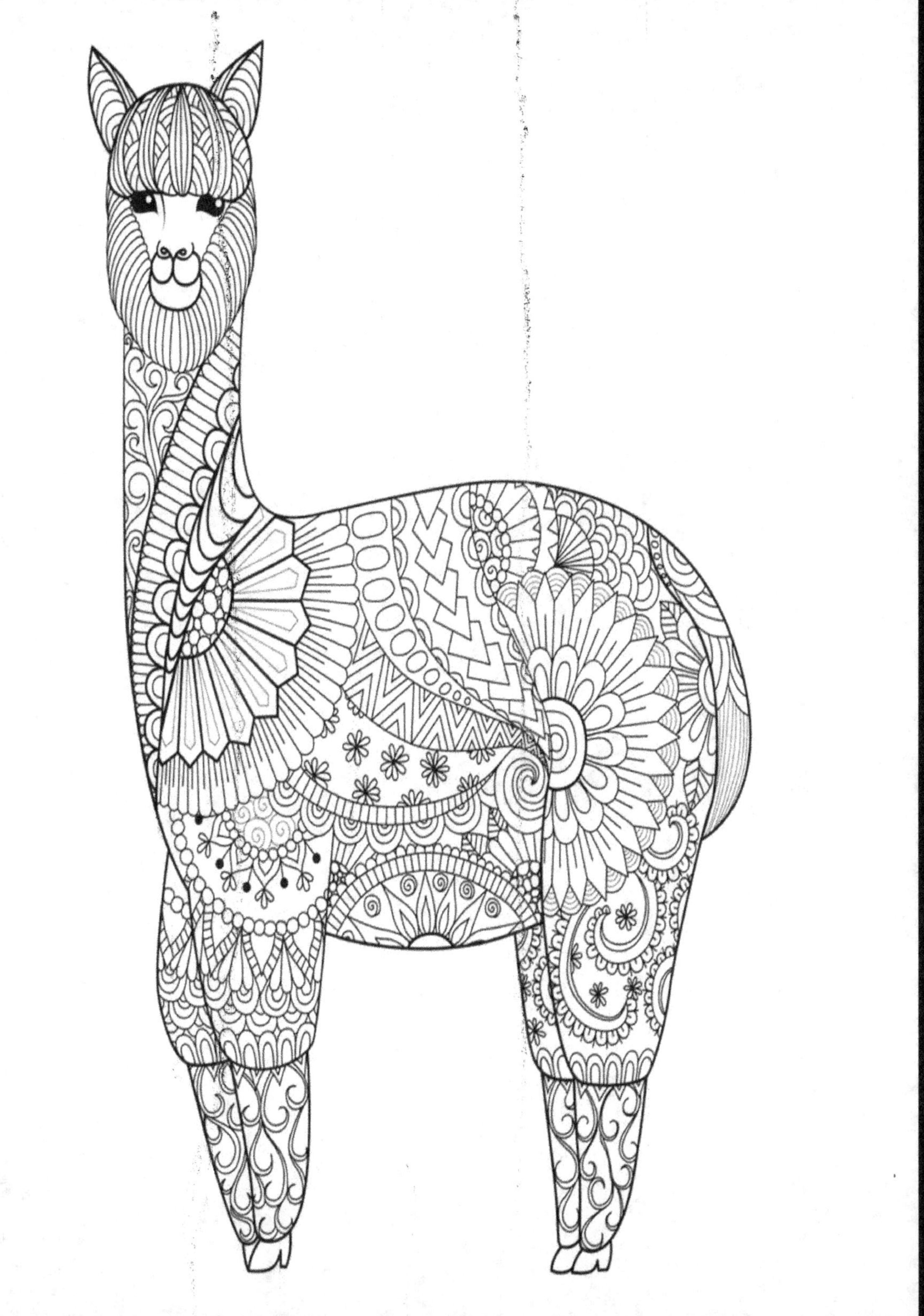

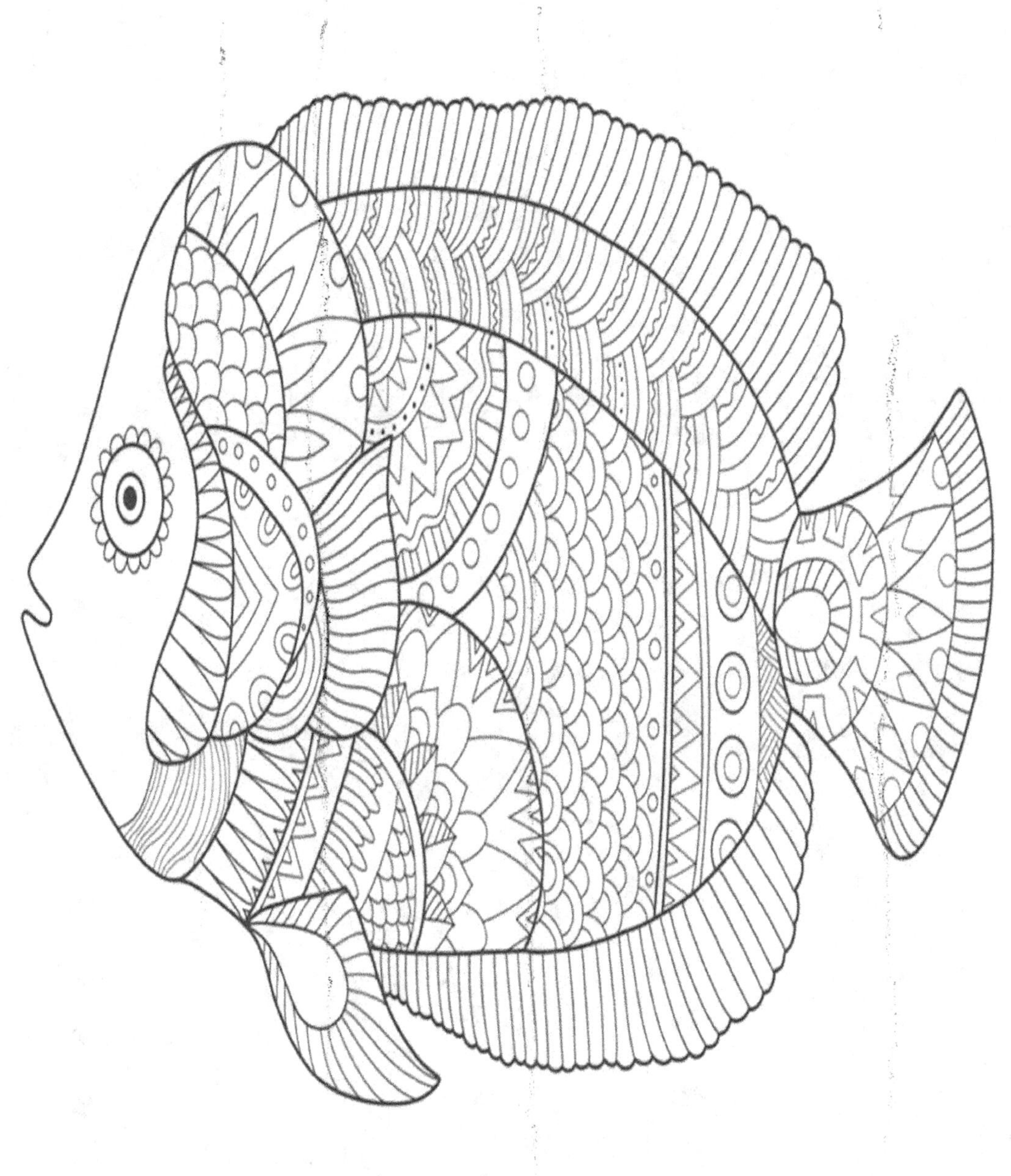

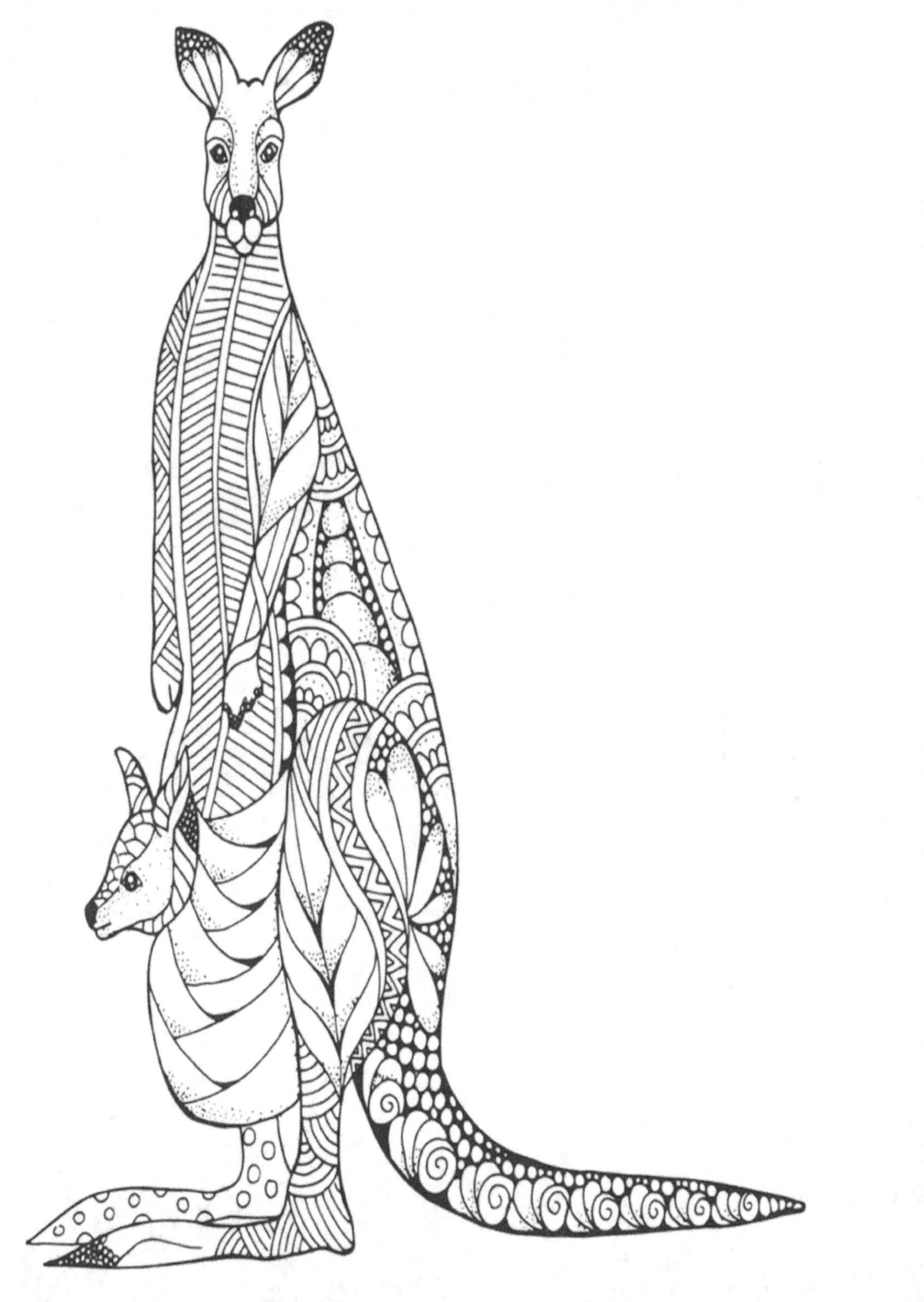

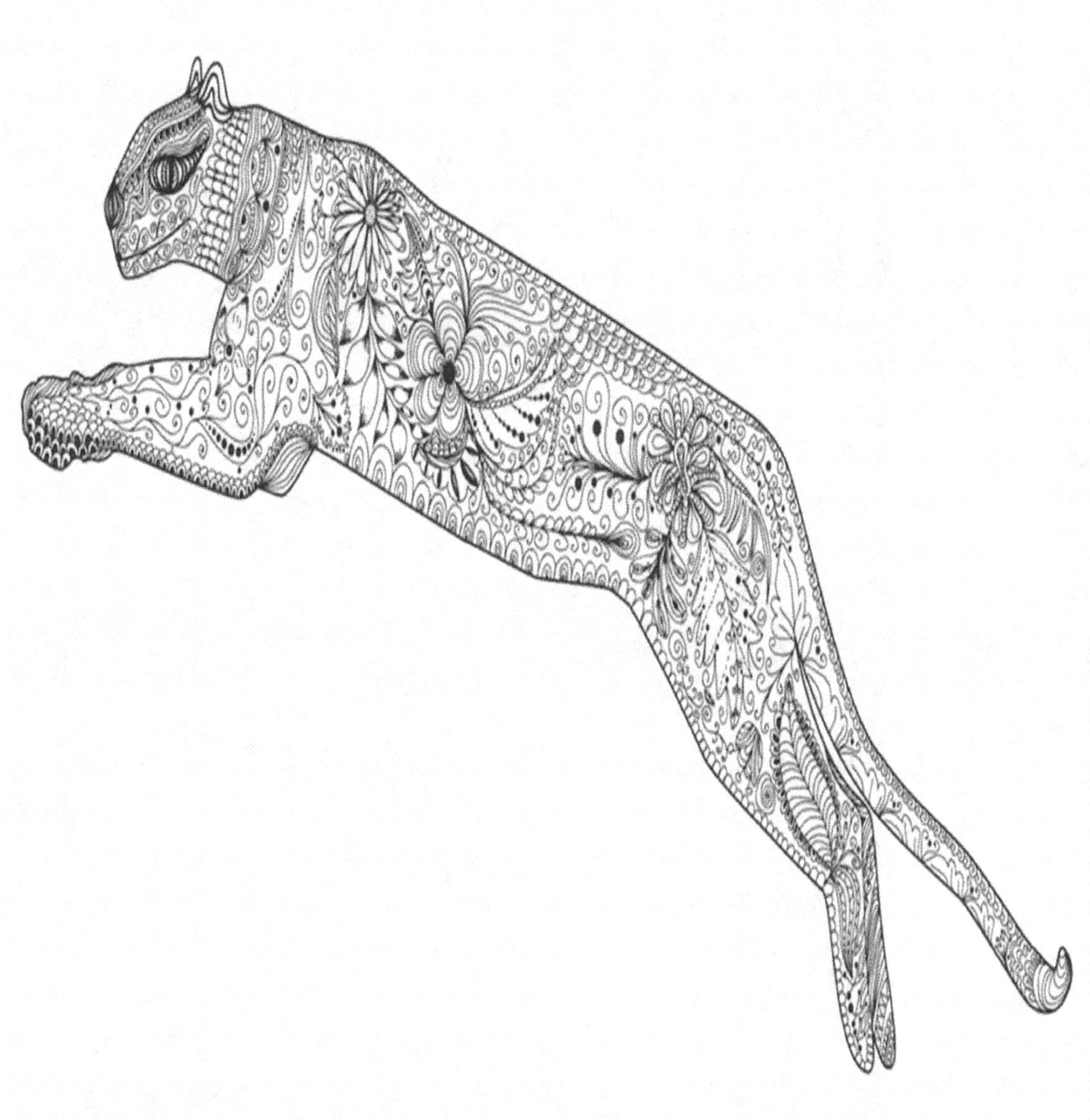

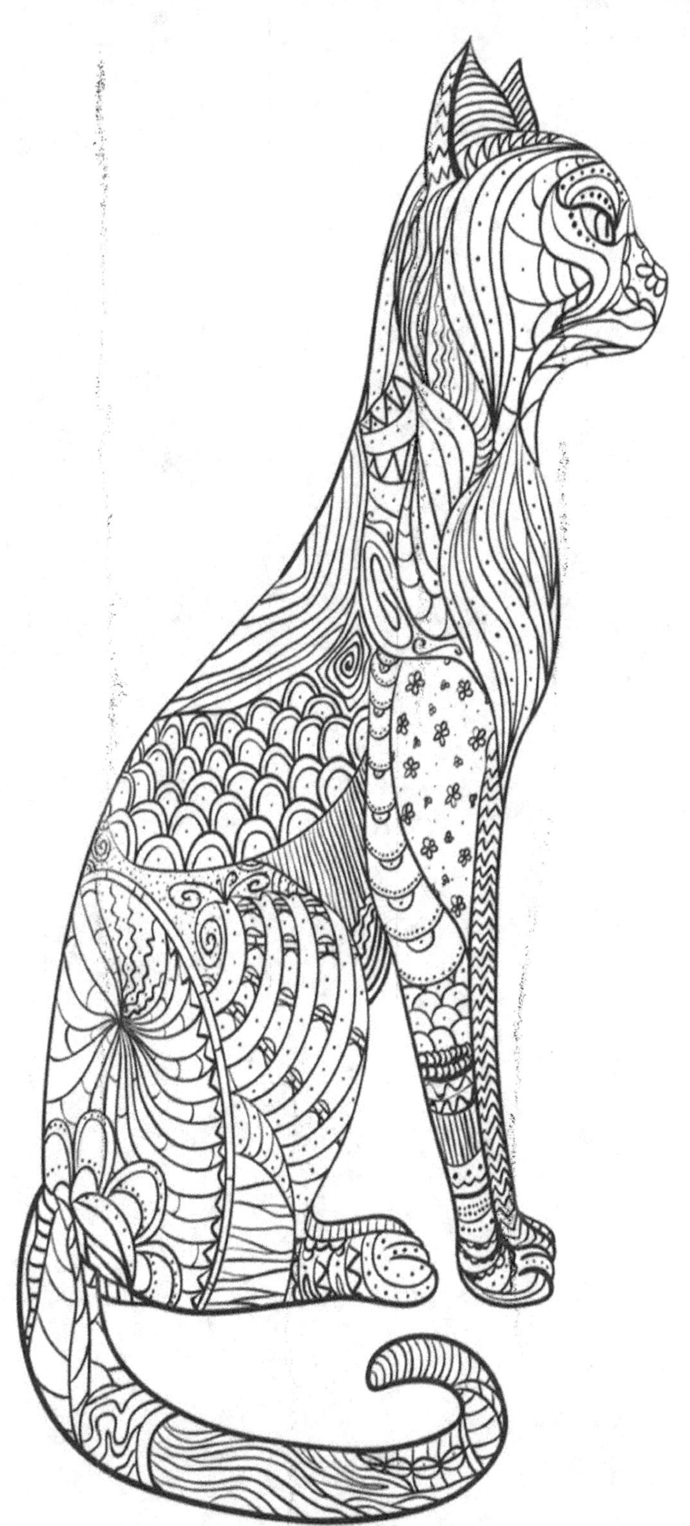

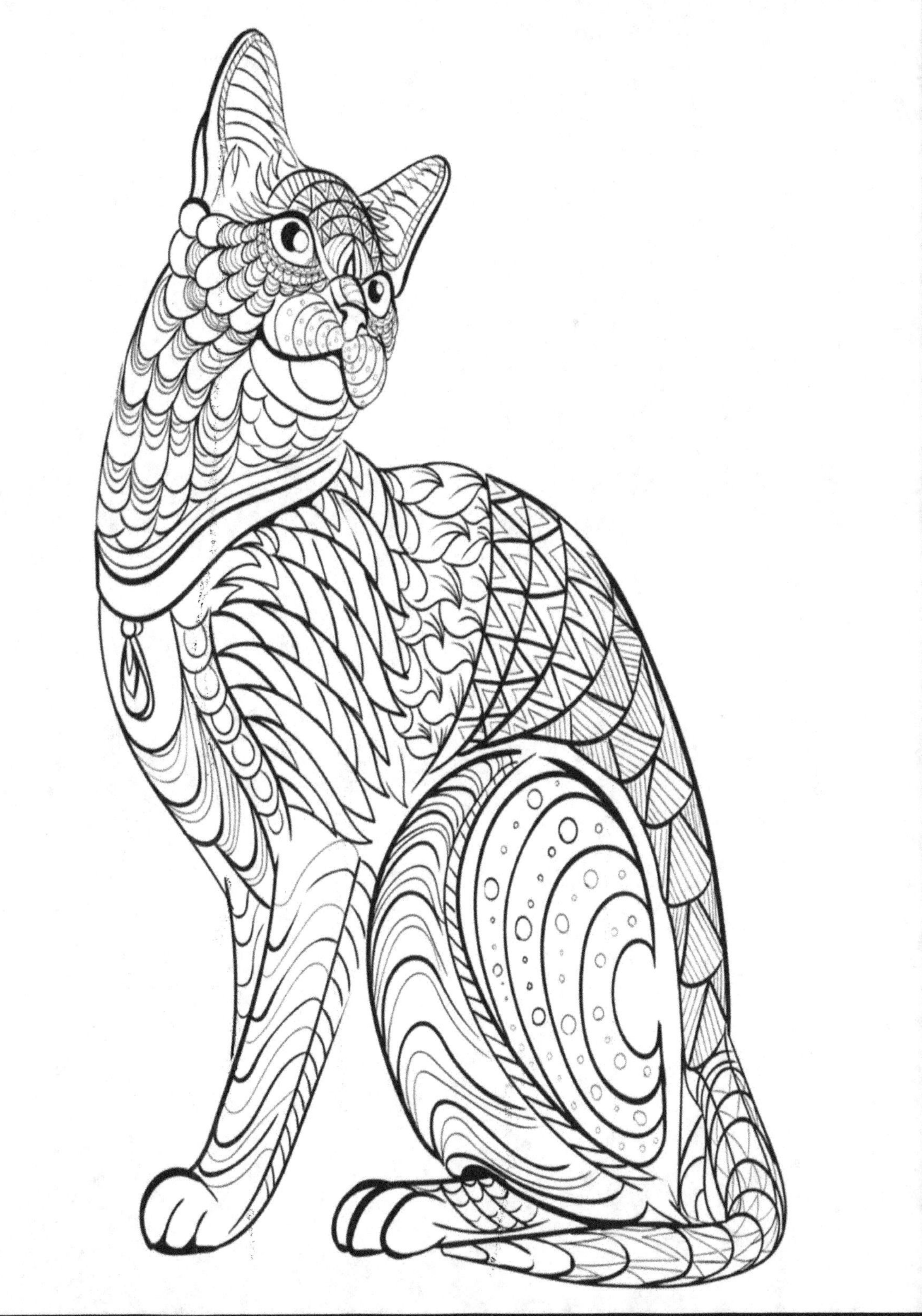

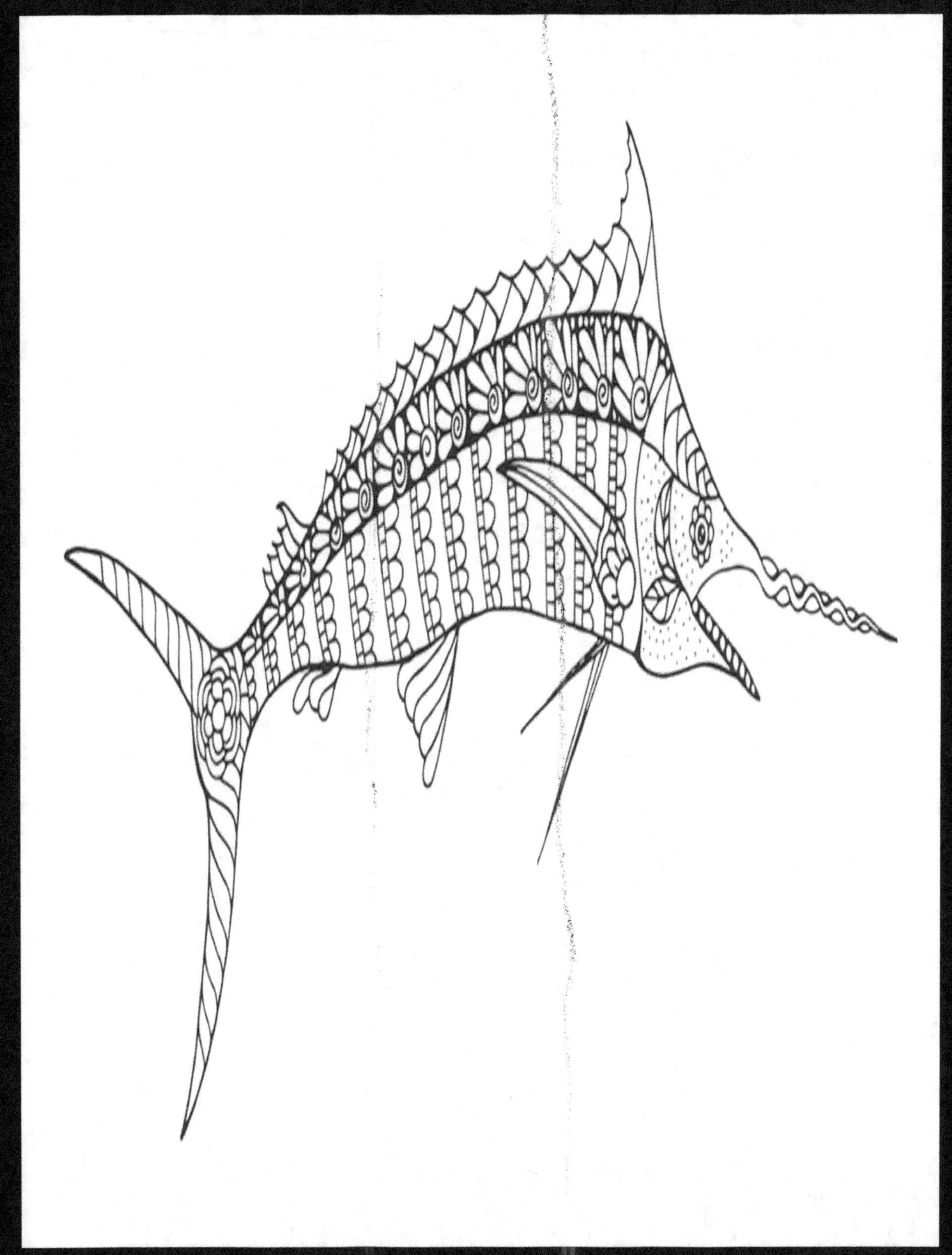